대죄와 소죄에 대한 깨달음 !

고린도전서 3:1-3,
갈라디아서 5:19-21

변승우 지음

도서출판 거룩한진주

CONTENTS

1. 대죄와 소죄의 뜻! * 19

2. 대죄에 대한 가톨릭의 오류 * 21

3. 가톨릭도 아닌데 왜 대죄와 소죄로 구분하나? * 23

4. 구체적으로 어떤 죄들이 대죄인가? * 31

형제들아 내가 신령한 자들을 대함과 같이
너희에게 말할 수 없어서 육신에 속한 자 곧
그리스도 안에서 어린 아이들을 대함과 같이 하노라
내가 너희를 젖으로 먹이고 밥으로 아니하였노니
이는 너희가 감당하지 못하였음이거니와
지금도 못하리라
너희는 아직도 육신에 속한 자로다
너희 가운데 시기와 분쟁이 있으니
어찌 육신에 속하여 사람을 따라 행함이 아니리요

고린도전서 3:1-3

육체의 일은 분명하니 곧 음행과 더러운 것과 호색과
우상 숭배와 주술과 원수 맺는 것과 분쟁과
시기와 분냄과 당 짓는 것과 분열함과 이단과
투기와 술 취함과 방탕함과 또 그와 같은 것들이라
전에 너희에게 경계한 것같이 경계하노니
이런 일을 하는 자들은
하나님의 나라를 유업으로 받지 못할 것이요

갈라디아서 5:19-21

지난 5월 9일, 아침에 기도하고 있는데, 갑자기 깊은 깨달음이 부어졌습니다. 그것을 토대로 정리하고 연구한 것을 여러분과 나누려고 합니다.

먼저, 중요한 사실이 있습니다. 그것은 로마서 8장과 갈라디아서 5장의 주제와 내용이 같다는 것입니다.

로마서 8:4 "육신을 따르지 않고 **그 영을 따라 행하는 우리에게** 율법의 요구가 이루어지게 하려 하심이니라."

갈라디아서 5:16 "내가 이르노니 **너희는 성령을 따라 행하라.** 그리하면 육체의 욕심을 이루지 아니하리라."

이처럼 두 장 다 성령을 따라 행하는 것의 중요성을 다뤘습니다. 또, 갈라디아서 5장과 로마서 8장의 결론이 일치합니다. 우리는 이것을 통해 칼빈의 견인의 교리가 비성경적이라는 것을 재확인할 수 있습니다.

바울은 갈라디아서 5장에서 성령을 따르지 않고 육체의 욕심을 이루는 자들은(16절) 하나님의 나라를 유업으로 받을 수 없다고 했습니다(21절). 그 사실이 6장 7-8절에도 나타나 있습니다.

"스스로 속이지 말라. 하나님은 업신여김을 받지 아니하시나니 사람이 무엇으로 심든지 그대로 거두리라. 자기의 육체를 위하여 심는 자는

육체로부터 썩어질 것을 거두고 성령을 위하여 심는 자는 성령으로부터 영생을 거두리라."

그러면 육체를 따를 때 생겨나는 육체의 분명한 일들에는 어떤 것들이 있을까요?

갈라디아서 5:19-21 **"육체의 일은 분명하니 곧 음행과 더러운 것과 호색과 우상 숭배와 주술과 원수 맺는 것과 분쟁과 시기와 분냄과 당 짓는 것과 분열함과 이단과 투기와 술 취함과 방탕함과 또 그와 같은 것들이라.** 전에 너희에게 경계한 것같이 경계하노니 이런 일을 하는 자들은 하나님의 나라를 유업으로 받지 못할 것이요."

이것이 육체의 분명한 일들입니다. 그런데 자세히 보면, 큰 죄들이 주를 이루지만 작은 죄들도 포함되어 있습니다. 또, 사람들이 각각 짓는 낱개의 죄가 아니라 각 사람들이 짓는 집단적인 죄를 열거한 것입니다. 여기에 나오는 큰 죄들을 지으면 의심할 여지 없이 지옥행입니다. 그러나 작은 죄들, 예를 들어 "분쟁과 시기" 같은 죄를 짓는 자들은 지옥행이 아닙니다.

그런데, 21절에 보면 "이런 일을 하는 자들은 하나님의 나라를 유업으로 받지 못할 것이요"라고 기록되어 있습니다. 그래서 "그런데 무엇을 근거로 그런 말을 하느냐?"라고 반문할 수 있습니다. 근거는 바로 고린도전서 3장 1-3절입니다.

> "형제들아 내가 신령한 자들을 대함과 같이 너희에게 말할 수 없어서 육신에 속한 자 곧 **그리스도 안에서 어린아이들**을 대함과 같이 하노라. 내가 너희를 젖으로 먹이고 밥으로 아니하였노니 이는 너희가 감당하지 못하였음이거니와 지금도 못하리라. 너희는 아직도 육신에 속한 자로

다. 너희 가운데 **시기와 분쟁**이 있으니 어찌 육신에 속하여 사람을 따라 행함이 아니리요!"

여기서 바울은 시기하고 분쟁하는 성도들을 영적인 어린아이로 보았습니다. 그들도 하나님의 자녀이고 천국에 간다는 뜻입니다.

이것을 통해, 우리는 육신을 따르는 자들이 지옥에 가는 이유가 무엇인지 알 수 있습니다. 그것은 육체의 분명한 일들에 나오는 분쟁이나 시기 같은 작은 죄를 지어서가 아닙니다. 그곳에 나오는 큰 죄들을 지었기 때문입니다. 그러므로 분쟁이나 시기 같은 작은 죄를 짓는다고 지옥에 가는 것은 아니라는 것을 깨달아야 합니다.

어떤 사람들은 이렇게 질문할 것입니다.

"그러나 고린도전서 6장 9-10절에는 '~나', '~나', '~나'라고 되어 있다. 그러므로 한 가지 죄만 지어도 지옥행이다. 즉, 어떤 죄든 한 가지 습관적인 죄만 있어도 지옥행이다. 그러므로 방금 한 말과 모순이고 다르지 않느냐?"

그러나 그 구절을 대강 보지 말고 자세히 보십시오.

고린도전서 6:9-10 "불의한 자가 하나님의 나라를 유업으로 받지 못할 줄을 알지 못하느냐? 미혹을 받지 말라. **음행하는 자나 우상 숭배하는 자나 간음하는 자나 탐색하는 자나 남색하는 자나 도적이나 탐욕을 부리는 자나 술 취하는 자나 모욕하는 자나 속여 빼앗는 자들은** 하나님의 나라를 유업으로 받지 못하리라."

바울이 말한 죄들이 어떤 죄들입니까? 음행, 우상숭배, 간음, 남색, 탐색, 도적, 탐욕(탐욕은 제자가 지불해야 될 대가요 우상숭배다. 눅 14:33, 마 6:24, 엡 5:5 참조), 술 취함, 모욕, 사기 등 작은 죄들이 아니라 큰 죄들입니다.

어떤 분은 "모욕"이 그렇게 큰 죄인가? 라고 말할 것입니다. 물론입니다. 왜냐하면 바울이 고린도전서 5장 11절에서 이렇게 말했기 때문입니다.

> "이제 내가 너희에게 쓴 것은 만일 어떤 형제라 일컫는 자가 **음행하거나 탐욕을 부리거나 우상숭배를 하거나 모욕하거나 술 취하거나 속여 빼앗거든 사귀지도 말고 그런 자와는 함께 먹지도 말라** 함이라."

바울은 큰 죄들과 함께 모욕을 언급했습니다. 또, 모욕하는 자와 함께 먹지도 말라, 즉 출교하라고 했습니다. 그러므로 모욕도 큰 죄고, 이 구절들에 나오는 모든 죄가 큰 죄입니다. 당연히, 이 중

하나만 계속 지어도 지옥행입니다. 그러나 갈라디아서에 나오는 "분쟁과 시기" 같은 작은 죄들은 경우가 다릅니다.

또, 고린도전서 6장 9-10절뿐 아니라 에베소서 5장 5절에도 '~나', '~나', '~나'가 나옵니다.

"너희도 정녕 이것을 알거니와 **음행하는 자나 더러운 자나 탐하는 자 곧 우상 숭배자는 다** 그리스도와 하나님의 나라에서 기업을 얻지 못하리니"

그리고 역시 다 큰 죄들입니다.

또한, 요한계시록 21장 8절에도 '~나', '~나', '~나'가 나옵니다.

"그러나 **두려워하는 자들(배교)과 믿지 아니하는 자들과 흉악한 자들과 살인자들과 음행하**

는 자들과 점술가들과 우상 숭배자들과 거짓말 하는 모든 자들은 불과 유황으로 타는 못에 던져지리니 이것이 둘째 사망이라."

물론 이 구절에서는 '~나', '~나', '~나'가 아니라 '~자들', '~자들', '~자들'이라고 되어 있습니다. 그러나 의미가 같습니다. 왜냐하면 이 구절의 죄들을 다 짓는 것이 아니라 각각의 죄를 짓는 자들이 모두 불과 유황으로 타는 못에 던져진다는 뜻이기 때문입니다.

여기서, 어떤 분들은 "이 구절에 '거짓말하는 모든 자들'이 나오는데 거짓말도 큰 죄인가?"라고 질문할 수도 있습니다. 거짓말은 작은 죄라고 생각하지 마십시오. 그것도 큰 죄입니다!

잠언 6:16-17 "**여호와께서 미워하시는 것 곧 그의 마음에 싫어하시는 것이 예닐곱 가지**이니 곧 교만한 눈과 **거짓된 혀**와 무죄한 자의 피를 흘리는 손과 … ”

이처럼 거짓말은 열 손가락 안에 드는 죄입니다. 게다가, 바울은 이렇게 경고했습니다.

디모데전서 1:19 “믿음과 착한 양심을 가지라! **어떤 이들은 이 양심을 버렸고 그 믿음에 관하여는 파선하였느니라.**”

양심을 저버리면 믿음이 파선되고 그 결과 멸망합니다. 그런데 거짓말은 그 무엇보다 양심을 파괴하는 죄입니다. 그러므로 결코 작은 죄가 아닙니다. 또한, 계시록 21장 8절뿐 아니라 그 뒤 두 번이나 이렇게 기록되어 있습니다.

요한계시록 21:27 “무엇이든지 속된 것이나 가증

한 일 또는 **거짓말하는 자는 결코 그리로 들어 가지 못하되** 오직 어린 양의 생명책에 기록된 자들만 들어가리라."

요한계시록 22:15 "개들과 점술가들과 음행하는 자들과 살인자들과 우상 숭배자들과 및 **거짓말을 좋아하며 지어내는 자는 다 성 밖에 있으리라.**"

그러므로 거짓말도 천국에 가지 못하게 하는 큰 죄입니다. 따라서 저는 우리 교회를 거짓으로 음해한 직업적인 이단사냥꾼들과 각 교단의 주동자들이 회개하지 않으면 결국 지옥에 갈 것이라고 생각합니다.

한편, 중요한 사실은 우리가 살펴본 이 세 구절과 달리 갈라디아서 5장 19-21절은 '~나', '~나', '~나'나 '~자들', '~자들', '~자들'이라고 하지 않고 단지 죄목들을 열거한 것이라는 점입니다.

"육체의 일은 분명하니 곧 **음행과 더러운 것과 호색과 우상 숭배와 주술과 원수 맺는 것과 분쟁과 시기와 분냄과 당 짓는 것과 분열함과 이단과 투기와 술 취함과 방탕함**과 또 그와 같은 것들이라."

정말 그렇지요! 그러면 왜 그랬을까요? 그것은 이 구절은 앞에서 다룬 세 구절과 달리, 그 죄들 중 하나라도 지으면 지옥행이 아니라 육체를 따르는 자들은 이런 죄들을 짓게 된다, 그리고 그들은 지옥행이라는 뜻이기 때문입니다.

생각해 보십시오! 육체를 따르는 자들이 큰 죄만 짓고 작은 죄는 안 지을까요? 당연히 짓지요! 그래서 세 구절과 달리 이 구절에는 큰 죄와 작은 죄가 뒤섞여 있는 것입니다. 그러므로 이 중의 큰 죄들을 지으면 지옥에 가지만 작은 죄는 버림받거나 지옥에 가게 하는 죄가 아닙니다.

한편, 저는 이런 깨달음이 올 때 갈라디아서 5장과 그 외 세 구절을 비교 연구하면서 '대죄'와 '소죄'에 대한 특별한 깨달음을 얻었습니다. 이 구분은 영혼의 안전을 위해 꼭 필요한 것입니다. 그러므로 여러분에게 설명해 드리고자 합니다.

1. 대죄와 소죄의 뜻!

문자적으로, 대죄는 큰 죄, 소죄는 작은 죄라는 뜻입니다. 그러나 단지 그런 뜻이 아닙니다. 죄는 다 짓지 말아야 합니다. 작은 죄는 지어도 되는 것이 아닙니다. 심지어, 성경에는 "악은 어떤 모양이라도 버리라"(살전 5:22)고 기록되어 있습니다. 때문에 그런 1차원적인 의미에서 큰 죄와 작은 죄를 구분한 것이 아닙니다.

그럼 대죄와 소죄의 진짜 기준 혹은 의미는 무엇일까요?

저는 교회 카페에 가톨릭이 규정하는 대죄에 대한 이런 설명이 올라와 있는 것을 읽어보았습니다.

> "**상존 은총(생명은총)을 받은 후 대죄(십계명을 범하는 것)를 지으면 잃게 되고** 고해성사를 통하여 회복할 수 있다."[1]

이처럼 가톨릭은 구원받은 신자가 버림받아 지옥에 가게 만드는 죄를 대죄로 보았습니다. 이 점에 있어서는 가톨릭의 대죄관이 저의 견해와 일치합니다. 그러므로 대죄는 단순히 큰 죄가 아닙니다. 구원받은 신자가 그 죄를 짓고 회개하지

1 https://cafe.daum.net/Bigchurch/DJe/18284

않고 죽으면 지옥에 가게 되는 죄가 바로 대죄입니다.

2. 대죄에 대한 가톨릭의 오류

가톨릭처럼 저도 신자가 그 죄를 짓고 회개하지 않고 죽으면 지옥에 가게 되는 죄가 대죄라고 생각합니다. 그런데 가톨릭은 저와 달리 고린도전서 6장 9-10절과 같은 구절들에 나오는 죄뿐 아니라 갈라디아서 5장 19-21절에 나오는 죄들도 대죄로 규정했습니다. 그 점에서 저와 다르고 섬세하질 않습니다.

특히, 가톨릭은 십계명을 범하는 죄를 대죄로 보았습니다. 십계명에 근거하고 그것을 세분화해서 과거의 유대인들처럼 대죄를 방만하게 규정했습니다. 이것은 접근 방식이 잘못된 것입니다. 왜냐하면 십계명은 열 가지 대죄를 규정하기 위해서 주신 것이 아니기 때문입니다. 사람이 하나님께 순종해야 될, 또는 짓지 말아야 될 죄들을 가장 포괄적으로 진술한 것이 십계명입니다. 그래서 그 안에 대죄가 많은 것이 사실이지만, 대죄뿐 아니라 소죄도 들어 있습니다. 그러므로 십계명을 근거로 대죄를 규정하는 것은 정확한 것이 될 수가 없습니다.

그런데 가톨릭과 달리, 저는 "이런 죄들을 짓는 자들은 하나님 나라를 유업으로 받을 수 없다." 혹은 "이런 자들은 둘째 사망인 불 못에 던져진다."라고 경고하고 있는 성경 구절에 나오는 죄들을 대죄로 규정했습니다. 이미 말한 것처럼, 가톨릭은 물론이고 저도 대죄가 단순히 큰 죄가 아니라 그 죄를 지으면 버림받아 지옥에 가는 죄라고 봅니다. 그러니, 대죄를 어떻게 선별해야 될까요? 당연히 버림받아 지옥에 간다고 경고하고 있는 구절들에 나오는 죄들을 대죄로 규정해야 되지 않나요? 저는 정확히 그렇게 했습니다. 그러나 가톨릭은 엉뚱하게 십계명을 근거로 대죄를 규정했습니다. 그러므로 대죄에 대한 가톨릭의 가르침은 불완전한 것이고 저의 구분이 정확한 것입니다.

이상 설명해드린 것처럼, 가톨릭의 대죄와 제가 말하는 대죄는 정확히 일치하지 않습니다. 그러므로 편의상 대죄와 소죄라는 표현만 가져와서 죄를 설명하고 있다는 것을 염두에 두고 저의 설명을 들으시기 바랍니다.

3. 가톨릭도 아닌데 왜 대죄와 소죄로 구분하나?

어떤 사람들은 저에게 "가톨릭도 아닌데 왜 죄를 대죄와 소죄로 구분하느냐? 과연 대죄와 소죄로 구분하는 것이 옳은 것이냐?"라고 반문할 것입니다. 그러나 이것은 정당한 구분입니다. 왜냐하면 가톨릭이 대죄와 소죄로 구분하기 전에 예수님이 먼저 죄를 대죄와 소죄로 구분하셨기 때문입니다.

마태복음 5:22 "나는 너희에게 이르노니 형제에게 노하는 자마다 **심판을 받게 되고** 형제를 대하여 라가라 하는 자는 **공회에 잡혀가게 되고** 미련한 놈이라 하는 자는 **지옥 불에 들어가게 되리라.**"

예수님은 6계명을 설명하면서 한 죄는 '심판'을 받고, 한 죄는 '공회'에 잡혀가게 되고, 다른 한 죄는 '지옥 불'에 들어가게 된다고 하셨습니다. 그런데 대죄는 단지 큰 죄가 아니라 버림받아 지옥에 가게 하는 죄들입니다. 그러므로 여기서 대죄와 소죄라는 용어만 쓰지 않았을 뿐 실제로 죄를 대죄와 소죄로 구분하신 것입니다.

물론 다수의 학자들이 이 구절을 저와 같이 이해하지 않습니다. 그러나 『IVP 성경난제주석』은 저와 견해가 같습니다. 또, 저는 이 구절에 관한 모든 주석을 읽으며 철두철미하게 연구했고, 그 결과 후자가 옳다는 결론에 도달했습니다. 그래서 저는 이 구절이 대죄와 소죄에 대한 근거가 될 수 있다고 생각합니다.

또, 마태복음 5장의 여섯 가지 반제 중 첫째뿐 아니라 마지막 반제도 마찬가지입니다.

마태복음 5:43-48 "또 네 이웃을 사랑하고 네 원수를 미워하라 하였다는 것을 너희가 들었으나 **나는 너희에게 이르노니 너희 원수를 사랑하며 너희를 박해하는 자를 위하여 기도하라.** 이같이 한즉 하늘에 계신 너희 아버지의 아들이 되리니 이는 하나님이 그 해를 악인과 선인에게 비추시며 비를 의로운 자와 불의한 자에게 내려주심이라. **너희가 너희를 사랑하는 자를 사랑하면 무슨 상이 있으리요.** 세리도 이같이 아니하느냐? 또 너희가 너희 형제에게만 문안하면 남보다 더하는 것이 무엇이냐? 이방인들도 이같이 아니하느냐? **그러므로 하늘에 계신 너희 아버지의 온전하심과 같이 너희도 온전하라.**"

45절에 보면 "이같이 한즉 하늘에 계신 너희 아버지의 아들이 되리니"라고 되어 있습니다. 이것은 그래야 아들이 된다는 것이 아니라 그렇게 함으로써 아들 됨을 증명해야 한다는 뜻입니다. 그러므로 우리는 원수를 용서하고 사랑해야 합니다.

그러나 48절에 나온 대로 이것은 '온전'입니다. 그러므로 꼭 온전히 그렇게 해야만 천국에 가는 것이 아닙니다. 이것이 46절에서 "너희가 너희를 사랑하는 자를 사랑하면 무슨 상이 있으리요."라고 말씀한 이유입니다. 이처럼 이 명령은 부분적으로는 궁극적인 구원과 관계가 있고, 그 이상은 상급과 관계가 있습니다. 그러므로 전혀 원수를 용서하거나 사랑하지 않는 것은 대죄에 해당하나, 온전히 그렇게 하지 못하는 것은 대죄가 아니라 소죄라고 할 수 있습니다.

또한, 주님은 연이어 마태복음 6장 1-18절에서도 구제, 기도, 금식에 대한 외식을 경고하셨습니다. 그런데, 세 번 다 사람에게 보이려고 이런 일을 하는 자들은 "자기 상을 이미 받았다"고 하셨습니다. 그러므로 사람에게 보이려고 하는 것이 죄는 맞지만 지옥에 가게 하는 대죄는 아니라는 것을 알 수 있습니다. 이로 보건대, 예수님은 분명히 대죄와 소죄에 대한 구분을 가지고 계셨습니다.

또, 예수님만이 아닙니다. 바울과 요한을 포함한 사도들도 대죄와 소죄에 대한 인식을 가지고 있었습니다. 일례로, 고린도전서 6장 9-10절의 의미가 무엇입니까? 그 죄들은 대죄라는 것이고, 동시에 그보다 약한 소죄들이 있다는 것을 암시합니다. 에베소서 5장 5절도 마찬가지고, 요한계시록 21장 8절과 22장 15절도 마찬가지입니다. 이처럼 바울과 요한도 버림받아 지옥에 가게 하는 대죄에 대한 개념을 가지고 있었습니다.

성경에 삼위일체라는 용어는 없습니다. 그러나 삼위일체의 교리는 성경적인 것입니다. 그런데 대죄도 그러합니다. '대죄'와 '소죄'라는 용어는 성경에 없지만, 예수님과 사도들이 대죄와 소죄에 대한 인식을 갖고 계셨기 때문입니다. 그러므로 대죄와 소죄의 구분은 성경적인 것입니다. 그러므로 우리는 이것을 인정해야 합니다.

이처럼 대죄와 소죄의 구분은 성경적인 것이고 필요한 것입니다. 그런데, 안타깝게도 가톨릭과 달리 개신교는 대죄와 소죄로 구분하지 않고 있습니다.

과연 그 이유가 무엇일까요? 놀라지 마십시오! 그것은 바로 견인의 교리에 관한 한 가톨릭이 개신교보다 성경적이기 때문입니다. 가톨릭과 알미니안은 모두 한 번 구원은 영원한 구원이 아니고 구원받은 신자가 버림받을 수 있다고 믿습니다. 그래서 일찌감치 가톨릭은 죄를 대죄와 소죄로 구분했습니다. 그러나 개신교는 전체적으로 가톨릭보다 비교할 수 없이 성경적이지만, 안타깝게도 사람의 계명인 비성경적인 교리와 전통에 다수가 속고 있습니다.

개신교는 성경 원문에는 없는 루터가 주장한 "오직 믿음"이라는 슬로건을 절대다수가 맹신합니다. 그 결과 믿기만 하면 행함이 따르지 않아도 천국에 간다고 속고 있는 자들이 많습니다. 또, 설상가상으로 칼빈이 주장한 "한 번 구원은 영원한 구원"이라는 거짓 교리에 교파를 초월해서 대다수가 속고 있습니다. 그 결과 자신이 어떻게 살든 반드시 천국에 갈 것이라는 착각에 빠져 있습니다.

그러니, 생각해 보십시오! 이처럼 '오직 믿음'이요 '한 번 구원은 영원한 구원'이라고 믿고 있는데, 굳이 죄를 대죄와 소죄로 나눌 필요가 있을까요? 심지어, "사망에 이르는 죄"까지도 부정하고 그런 뜻이 아니라고 우기고 있는 마당에 과연 그럴 필요가 있을까요? 없지요. 이것이 바로 개신교가 죄를 대죄와 소죄로 구분하지 않고 있는 이유의 민낯입니다.

그러나, 성경에 의하면 오직 믿음이 아니라 회개와 믿음입니다(막 1:15, 행 20:21, 히 6:1). 그리고 한 번 구원은 영원한 구원이 아니라 구원받은 신자도 버림받을 수 있습니다(고전 9:27, 고전 10:12, 히 6:4-6). 그러므로 개신교도 죄를 대죄와 소죄로 구분해야 합니다.

한편, 장로교는 그렇다 해도 감리교와 성결교와 순복음과 구세군은 그동안 무엇을 한 것일까요? 그들도 구원받은 신자가 버림받을 수 있다는 것을 압니다. 그렇다면 당연히 죄를 대죄와 소죄로 구분해야 할 것 아닙니까? 그런데 왜 그렇게 하지 않고 있을까요? 저는 이것이 진리에 대한 세심한 관심의 부족과 일종의 직무유기라고 생각합니다. 그러므로 이제라도 죄를 대죄와 소죄로 구분해야 합니다.

4. 구체적으로 어떤 죄들이 대죄인가?

이상의 설명을 통해 우리는 대죄와 소죄로 구분하는 것이 이상한 것이 아니라 옳은 것이라는 것을 알았습니다.

그러면 대죄는 무엇일까요? 대죄는 세상법정의 사형에 해당되는 죄로 하나님의 법정에서 둘째 사망을 선고받게 하는 죄들입니다. 즉, 버림받아 궁극적인 구원을 못 받게 만드는 죄들입니다. 그러므로 앞에서 이미 소개한 다음 구절들에 나오는 죄들이 대죄입니다.

고린도전서 6:9-10 "불의한 자가 하나님의 나라를 유업으로 받지 못할 줄을 알지 못하느냐? 미혹을 받지 말라. **음행하는 자나 우상 숭배하는 자나 간음하는 자나 탐색하는 자나 남색하는 자나 도적이나 탐욕을 부리는 자나 술 취하는 자나 모욕하는 자나 속여 빼앗는 자들은 하나님의 나라를 유업으로 받지 못하리라.**"

에베소서 5:5 "너희도 정녕 이것을 알거니와 **음행하는 자나 더러운 자나 탐하는 자 곧 우상 숭배자는 다 그리스도와 하나님의 나라에서 기업을 얻지 못하리니**"

요한계시록 21:8 **"그러나 두려워하는 자들과 믿지 아니하는 자들과 흉악한 자들과 살인자들과 음행하는 자들과 점술가들과 우상 숭배자들과 거짓말하는 모든 자들은 불과 유황으로 타는 못에 던져지리니 이것이 둘째 사망이라."**

요한계시록 22:15 **"개들과 점술가들과 음행하는 자들과 살인자들과 우상 숭배자들과 및 거짓말을 좋아하며 지어내는 자는 다 성 밖에 있으리라."**

왜냐하면 이 구절들에 명시되어 있는 대로, 구원받은 신자도 이 죄들을 짓다가 죽으면 지옥행이기 때문입니다.

그러면 이것들만 대죄일까요? 그렇지 않습니다. 아이를 유괴하거나 인신매매 혹은 장기를 매매하는 것 역시 대죄입니다.

출애굽기 21:16 "**사람을 납치한 자가 그 사람을 팔았든지 자기 수하에 두었든지 그를 반드시 죽일지니라.**"

조직 폭력에 가담하거나 마약을 밀매하는 것도 마찬가지입니다. 한마디로, 이 구절들에 나오는 것과 대등한 악질적인 죄는 모두 대죄입니다.

이와 반대로, 성경에 나오는 가장 대표적인 소죄는 고린도전서 3장과 갈라디아서 5장에 공히 나오는 "분쟁과 시기"입니다. 그런데 이런 반론이 가능합니다.

로마서 1:28-32 "또한 그들이 마음에 하나님 두기를 싫어하매 하나님께서 그들을 그 상실한 마음대로 내버려 두사 합당하지 못한 일을 하게 하셨으니 곧 모든 불의, 추악, 탐욕, 악의가 가득한 자요 **시기**, 살인, **분쟁**, 사기, 악독이 가득한 자요 수군수군하는 자요 비방하는 자요 하나님께서 미워하시는 자요 능욕하는 자요 교만한 자요 자랑하는 자요 악을 도모하는 자요 부모를 거역하는 자요 우매한 자요 배약하는 자요 무정한 자요 무자비한 자라. 그들이 **이 같은 일을 행하는 자는 사형에 해당한다고 하나님께서 정하심**을 알고도 자기들만 행할 뿐 아니라 또한 그런 일을 행하는 자들을 옳다 하느니라."

여기에 "시기"와 "분쟁"이 나옵니다. 그런데 하나님께서 "이 같은 일을 행하는 자는 사형에 해당한다고 정하셨다"고 했습니다. 그러니 이것도 대죄로 보아야 하지 않느냐? 라는 반론이 가능합니다.

그러나 원어에는 32절의 "그들이 이 같은 일을 행하는 자는 사형에 해당한다고 하나님께서 정하심을 알고도"의 "일"이 복수입니다. 갈라디아서

5장 19-21절처럼 사람들이 짓는 죄를 개별적으로가 아니라 포괄적으로 말한 것입니다. 그러므로 각각의 죄들이 다 사형에 해당된다는 의미가 아닙니다.

하지만 과연 불신자들이 다른 죄들을 안 짓고 시기와 분쟁하는 죄만 짓는다면 사형이 아닐까요? 궁금하시겠지만, 이런 가정은 불가능합니다. 왜냐하면 불신자들이 이외의 다른 죄들은 안 짓는다는 것은 있을 수가 없는 일이기 때문입니다.

또, 이 구절들이 불신자들에 대한 것이라는 것이 중요합니다. 불신자들의 경우, 예수님의 피가 아니면 큰 죄든 작은 죄든 용서받을 수가 없고 그 삯은 사망입니다. 그러므로 시기와 분쟁처럼 작은 죄들도 그들에게 사형에 해당될 수 있습니다. 그러나 신자들은 다릅니다. 신자들은 예수님의 피가 적용되고 그 피로 의롭다함을 받았기 때문입니다. 또, 예수님의 피 때문에 온전하지 않아도 흠

없고 거룩하고 완전하게 보시는 것이 칭의입니다. 때문에 신자들은, 예수님의 피가 흘러오느냐? 아니면 막느냐? 에 따라 결과가 달라집니다. 감사하게도, 시기와 분쟁 같은 작은 죄들은 롤랜드 벅 목사님의 간증이 보여주듯이 예수님의 피가 흐르는 범위 안에서 우리를 벗어나게 하지 않습니다. 그런데 저는 갈라디아서 5장 19-21절을 통해 불신자들이 아니라 신자들이 시기나 분쟁 같은 우발적인 죄나 일시적인 죄를 지으면 어떻게 되는가를 다루었습니다. 케이스가 서로 다릅니다. 그러므로 로마서 1장의 사형에 해당하는 죄의 목록에 시기와 분쟁이 나오더라도 그것은 제 견해와 모순이 아닙니다.

우리가 한 가시 더 알아야 할 것이 있습니다. 대죄에 대한 구절들에 보면 "살인자들과 음행하는 자들"이 나옵니다. 또, 예수님은 산상수훈에서 6계명을 해석하시면서 화내고 욕하는 것도 살인이라고 하셨고, 7계명을 해석하시면서 여자를 보고 음욕을 품는 것도 간음이라고 하셨습니다. 그러나 우리는 행위로 살인하고 간음하는 것과 달리 욕하고 음욕을 품는 것은 대죄가 아니라 소죄라고 생각하기 쉽습니다.

하지만 그것도 살인이고 간음입니다. 예수님이 살인이라고 하셨다면 살인이고, 간음이라고 하셨다면 간음이기 때문입니다. 그런데 살인이 작은 죄입니까? 또, 간음이 작은 죄입니까? 아니지요! 그러므로 그것도 대죄입니다.

또, 왜 우리가 이 두 가지를 대죄로 보아야 하는지 아십니까? 그것은 마태복음 5장뿐 아니라 마가복음 9장에서도 주님이 지옥에 가지 않으려면 손과 발뿐 아니라 눈을 뽑아버리라고 하셨기 때문입니다. 여기서 손과 발은 행동으로 짓는 죄, 눈은 마음과 생각으로 짓는 죄를 뜻합니다. 그런데도 이 죄를 끊어버리지 않으면 지옥이라고 하셨습니다. 그러므로 실제로 살인하고 간음하는 것 뿐 아니라 습관적으로 욕하고 음욕을 품는 것도 대죄라는 것을 깨달아야 합니다. 가톨릭도 이 점에 있어서는 저와 견해가 같습니다.

> "소죄는 일상적으로 짓는 잘못들로 가벼운 말다툼, 질투, 일상적인 게으름 등이다.
>
> 대죄는 배교, 간음, 살인과 같은 큰 잘못이며 간음이나 살인을 하지 않았다고 해도 마음 안에 극도의 미움이나 욕정을 품고 있다면 대죄가 될 수 있다."[2]

이처럼 둘 다 대죄입니다. 그러므로 우리는 세상 사람들처럼 이 죄들을 작은 죄로 여기고 심상히 여기면 안 됩니다. 두려워하는 마음으로 속히

---

2 https://blog.naver.com/mariquan/223116357910

이 죄들을 회개하고 끊어버려야 합니다.

그러면 몸으로 짓든 말과 생각으로 짓든 둘 다 대죄이니 아무 차이가 없을까요? 그렇지는 않습니다. 몸으로 짓는 살인과 간음은 둘 다 대죄이고, 신자들이 이 죄들을 짓고 살다가 회개하지 않고 죽으면 지옥입니다. 그러므로 한 번이라도 지어선 안 되고 그 죄를 지은 경우 반드시 회개하고 돌이켜야 합니다. 또, 예수님이 말씀한 형제에게 미련한 놈이라고 하는 것도 살인이고 여자를 보고 음욕을 품는 것도 간음이며 둘 다 대죄입니다. 그런데, 차이가 있습니다. 전자는 회개하지 않으면 무조건 지옥이지만, 후자는 습관적으로 이 죄를 짓지 않는 한 그렇지 않다는 것입니다. 이런 차이를 알아야 합니다.

한편, 대죄에 관한 7계명에 대한 설명은 이것으로 충분하지만 6계명에 대한 설명은 그렇지가 않습니다. 왜냐하면 매우 복잡하기 때문입니다. 아직 눈치를 못 채셨겠지만, 방금 한 설명에서 저는 예수님이 말씀한 형제에게 노하는 것과 라가라 하는 것을 의도적으로 제외시켰습니다. 왜냐하면 형제에게 노하는 것과 라가라 하는 것도 6계명을 어긴 것이고 살인이지만, 이 두 가지는 대죄가 아니기 때문입니다. 저는 이에 대해 자세히 연구했고 한 달 이상 설교할 분량의 원고를 작성했습니다. 그러나 너무 길어서 지금 나눌 수가 없습니다. 결론적으로, 저는 이것이 지옥에 가게 하는 죄는 아니라고 생각합니다. 그래서 예수님께서 이 두 가지에 대해 지옥불이 아니라 심판과 공회에 잡혀간다고 말씀하신 것이라고 생각합니다.

결론을 말씀드리겠습니다. 여러분, 제가 왜 죄를 대죄와 소죄로 구분했는지 아십니까? 그것은 대죄를 짓다가 회개하지 않고 죽으면 지옥이기 때문입니다. 특히, 대죄 중 행동으로 짓는 죄는 절대 해선 안 됩니다. 또, 참 신자는 이런 죄를 짓지 않습니다. 만약 짓는다면 그것은 범죄가 아니라 타락입니다. 이것이 고린도전서 6장 9-10절에서 계시록 21장 8절까지 대죄에 대한 구절들에 그 죄들을 짓고 살다 죽으면 지옥이라고 명시되어 있는 이유입니다. 신자라도 대죄를 짓고 회개하지 않으면 100% 지옥입니다. 그러므로 여러분 모두 절대로 이런 죄를 짓지 마시기 바랍니다.

또한, 미련한 놈이라 하는 것도 살인이고 여자를 보고 음욕을 품는 것도 간음이기 때문에 살인과 간음의 경우 대죄가 두 종류입니다. 그런데 거듭난 자도 말이나 생각으로 짓는 죄를 지을 수 있습니다. 또 그 죄를 지었다고 버림받진 않습니다. 그러나 이것이 습관적인 죄가 되어버리면, 예수님이 산상수훈에서 두 계명을 설명하시면서 경고한 대로 지옥행입니다. 그러므로 실범이 아니라고 가볍게 생각하지 말고 이 죄들과 싸우십시오. 절대로 이 죄들을 습관적인 죄로 자라게 내버려두지 마십시오. 그리하여 절대 버림받지 않고 반드시 천국에 가는 저와 여러분이 다 되시기를 바랍니다.

거룩한진주의 도서들 1

변승우 목사의 저서

킹제임스 성경 팩트 체크!
변승우 | 신4.6판 | 76면 | 6,500원

로마서 7장 14-25절의
현재시제와 삽입구에 대한 사이다 설명!
변승우 | 신국판 변형 | 136면 | 10,000원

목사님, 십자가 강도의 구원이 궁금해요!
변승우 | 신4.6판 | 52면 | 6,000원

내가 너희에게 복을 주리라!
변승우 | 신국판 변형 | 120면 | 9,000원

우리가 죽을 때까지 초점 맞춰야 할 4가지!
변승우 | 신4.6판 | 56면 | 5,500원

신앙생활 완벽 가이드
성령의 세 가지 인도!
변승우 | 신국판 | 240면 | 13,000원

더 높은 차원으로 부르시는 하나님!
변승우 | 신국판 | 168면 | 12,000원

신자들이 섬기는 세 가지 우상!
변승우 | 신국판 변형 | 80면 | 7,000원

저자가 쓴 130권 중 대표작!
개신교의 아킬레스건이 된 칭의의 교리
변승우 | 신국판 | 440면 | 23,000원

한국 교회, 개혁 외에는 답이 없다!
쇼킹! 한기총회장과 사무총장의 돈 요구!
변승우 | 신국판 | 188면 | 12,000원

특별기획
다문화TV 초대석 - 인터뷰 전문
사랑하는교회 변승우 목사
변승우 | 신국판 변형 | 64면 | 7,000원

엄선한 천국지옥 방문기!
당신의 영원을 어디서 보낼 것인가?
변승우 편저 | 신국판 | 276면 | 13,000원

영과 혼의 궁금증이 풀리다!
너 자신을 알라!
변승우 | 신국판 | 496면 | 25,000원

저자가 쓴 125권 중 대표작!
당신의 복음은 바울의 복음인가?
변승우 | 신국판 | 532면 | 22,000원

사랑하는 사람을 구원하는 책!
노후준비보다 중요한 사후준비!
변승우 | 신국판 | 184면 | 12,000원
큰글씨 | 신국판 | 232면 | 13,000원

하나님 아빠 아버지!
변승우 | 신국판 변형 | 84면 | 7,000원

우리 산상수훈과 함께 다시 시작해요!(중)
나는 바리새인보다 나은 의를
가지고 있는가?
변승우 | 신국판 | 512면 | 20,000원

유대교의 전철을 밟고 있는 개신교!
변승우 | 신국판 변형 | 80면 | 6,000원

우리 산상수훈과 함께 다시 시작해요!(상)
나는 팔복의 사람인가?
변승우 | 신국판 | 524면 | 20,000원

중심이 미래를 좌우한다!
변승우 | 신국판 | 120면 | 7,000원

은사 사역 필독서!
너희는 더욱 큰 은사를 사모하라!
변승우 | 신국판 | 272면 | 12,000원

이 책 한 권이면 계시록이 보인다!
하나님의 어리석음이 사람보다 지혜롭다!!!
변승우 | 신국판 | 848면 | 33,000원

지옥에 가는 크리스천들
(수정증보판)
변승우 | 신국판 | 424면 | 12,000원

터
변승우 | 신국판 | 292면 | 9,000원

정경의 권위
변승우 | 신국판 | 160면 | 7,000원

다이아몬드 같은 진리!
변승우 | 신국판 | 488면 | 16,000원

예정론의 최고난제:
토기장이의 비유 풀이!
변승우 | 신국판 | 244면 | 12,000원

능력으로 관통되는 복음!
변승우 | 신4.6판 | 76면 | 5,000원
큰글씨 | 신국판 변형 | 84면 | 6,000원

이기는 자가 가는 나라!
변승우 | 문고판 | 48면 | 3,000원
큰글씨 | 신국판 변형 | 56면 | 4,000원

한 가지!
변승우 | 신국판 변형 | 112면 | 6,000원

십일조 대논쟁!
변승우 | 신국판 | 144면 | 7,000원

길
변승우 | 신국판 | 228면 | 7,000원

열방을 위한 하나님의 전략!
변승우 | 신국판 | 184면 | 9,000원

정통보다 더 성경적인 교회!
변승우 | 신국판 | 180면 | 8,000원

하나님의 집인가? 귀신의 집인가?
변승우 | 신국판 변형 | 84면 | 5,000원

당신의 자녀를
하나님의 자녀가 되게 하라!
변승우 | 신국판 변형 | 108면 | 5,000원

참으로 하나님의 은혜를
깨달은 날부터!
변승우 | 신국판 변형 | 64면 | 4,500원

사랑하는교회에 뿌리를 내려라!
변승우 | 신4.6판 | 80면 | 6,000원

제7차 아프리카 선교 보고
오늘도 살아 역사하시는 하나님!
변승우 편저 | 신국판 변형 | 92면 | 7,000원

"아이고 집사님, 아이고 권사님,
아이고 목사님이 왜 지옥에 계시나요?"
신국판 변형 | 52면 | 5,000원

아프리카 선교 현장에서
사도행전이 재현되다!
신4.6판 | 56면 | 3,500원

주님, 이 구절은 무슨 뜻인가요?
변승우 | 신4.6판 | 132면 | 6,500원

강남 사는 이작골 스타일 목사의
산소 같은 산행일기 3
변승우 | 4.6배판 변형 | 328면 | 17,000원

거룩한진주의 도서들 2

부에 대한 균형 잡힌 가르침!
변승우 | 신국판 | 160면 | 8,000원

사랑하는교회는 어떤 교회인가?
변승우 | 신국판 변형 | 108면 | 6,000원

강남 사는 이작골 스타일 목사의
산소 같은 산행일기 2
변승우 | 4.6배판 변형 | 292면 | 16,500원

해 아래 가장 명백한 진리!
(복음전도용)
변승우 | 문고판 | 24면 | 1,000원
큰글씨 | 신국판 변형 | 24면 | 2,000원

오직 기독교가 길이요 진리요 생명이다!
변승우 | 문고판 | 40면 | 2,000원
큰글씨 | 신국판 변형 | 48면 | 3,000원

성경이 흔들리면 기독교가 무너진다!
변승우 | 신국판 | 164면 | 7,000원

평생 되새겨야 할 가장 중요한 진리!
변승우 | 신국판 변형 | 104면 | 7,000원

동성애 쓰나미!
변승우 | 신국판 | 328면 | 13,000원

믿음의 말씀 바로 알기!
변승우 | 신국판 변형 | 168면 | 8,000원

스카이(SKY)보다 크신 하나님!
변승우 | 신4.6판 | 76면 | 5,000원

하나님께 나아가자!
변승우 | 신국판 변형 | 92면 | 6,000원

하나님의 시선을 끄는 겸손!
변승우 | 신4.6판 | 48면 | 4,000원

땅에 떨어지는 예언들!
변승우 | 신국판 | 216면 | 11,000원

믿음으로 자백하라!
변승우 | 신국판 변형 | 160면 | 7,000원

전염병 경보 발령!
변승우 | 신국판 변형 | 84면 | 5,000원

사랑하는교회 (舊 큰믿음교회)
이단시비 종결되다!
변승우 편저 | 신국판 | 196면 | 6,000원

교회를 허무는 마귀의 교리
은사중지론!
변승우 | 신4.6판 | 60면 | 6,000원

당신의 고백을 점검하라!
변승우 | 신국판 변형 | 64면 | 4,000원

종말론 바로 알기!
변승우 | 신국판 변형 | 88면 | 4,500원

아~ 믿으라는 말이 이런 뜻이었구나?
변승우 | 신국판 변형 | 96면 | 5,000원

알면 사랑할 수밖에 없는 하나님
변승우 | 신4.6판 | 40면 | 2,000원

하나님이 주신 비전!
변승우 | 신4.6판 | 136면 | 4,000원

?
변승우 | 신국판 | 312면 | 11,000원

하나님의 부르심
변승우 | 신4.6판 | 60면 | 2,500원

하나님의 선물
변승우 | 신4.6판 | 128면 | 4,000원

크리스천의 문화생활
변승우 | 신4.6판 | 64면 | 2,500원

사랑받고 사랑하는 사람!
변승우 | 신4.6판 | 120면 | 4,000원

강남 사는 이작골 스타일 목사의
산소 같은 산행일기
변승우 | 4.6배판 변형 | 312면 | 16,500원

성경이 무엇을 말하느냐?
변승우 | 신국판 변형 | 168면 | 5,000원

나는 행복합니다
변승우 | 신4.6판 | 124면 | 4,000원

박해
변승우 | 신국판 변형 | 140면 | 5,000원

과부 명부!
변승우 | 신4.6판 | 120면 | 2,500원

멍에
변승우 | 신국판 | 200면 | 5,000원

하나님이 절대주권으로
예정하셨다고요?
변승우 | 신국판 | 296면 | 8,000원

대질심문
변승우 | 신국판 | 324면 | 6,000원

천국의 가장 작은 자가 어떻게
세례 요한보다 클 수가 있나?
변승우 | 신국판 변형 | 96면 | 3,000원

계시
변승우 | 신국판 | 124면 | 4,000원

자의식 대수술!
변승우 | 신국판 | 184면 | 4,500원

종교개혁보다 나를 개혁하는 것이
더 중요하다!
변승우 | 신국판 | 348면 | 9,000원

내가 너희를 사랑한 것같이!
변승우 | 신국판 | 200면 | 4,500원

예언을 멸시하지 말라!
변승우 | 신국판 | 190면 | 5,000원

올바른 성경 읽기
변승우 | 신국판 | 120면 | 6,000원

청년이 무엇으로 그의 행실을
깨끗하게 하리이까?
변승우 | 신국판 | 104면 | 5,000원

푯대
변승우 | 신국판 | 184면 | 5,000원

용서는 나를 위한 것이다!
변승우 | 신국판 | 114면 | 4,000원

종교개혁은 아직 끝나지 않았다!
변승우 | 신국판 | 148면 | 5,500원

주께서 보여주신 선 (善)
변승우 | 신국판 | 118면 | 4,500원

할렐루야!
변승우 | 신국판 | 148면 | 4,500원

기름부음 받은 자를 존중하라!
변승우 | 신국판 | 98면 | 7,000원

미혹
변승우 | 신국판 | 136면 | 7,000원

내가 꿈꾸어온 교회
변승우 | 신국판 | 148면 | 4,000원

교회여~ 추수꾼들을 일으켜라!
변승우 | 신국판 | 142면 | 7,000원

습관적인 죄에 대한 새로운 이해!
변승우 | 신국판 | 112면 | 7,000원

예수님이 전부입니다!
변승우 | 신국판 | 114면 | 7,000원

거룩한진주의 도서들 3

하나님은 용기 있는 사람을 쓰신다!
변승우 | 신국판 | 128면 | 5,000원

주의 음성을 네가 들으니!
변승우 | 신국판 | 128면 | 8,000원

실전 영분별
변승우 | 신국판 | 172면 | 9,000원

여호와의 산, 그 거룩한 곳!
변승우 | 신국판 | 112면 | 4,000원

1세기의 사도와 오늘날의 사도
변승우 | 신국판 | 161면 | 5,000원

장로 그리고 당회는 과연 성경적인가?
(수정증보판)
변승우 | 신국판 | 112면 | 5,000원

패러다임의 전환이 필요한
전통적인 계시관
변승우 | 신국판 | 176면 | 5,000원

날 사랑하심! 날 사랑하심~
변승우 | 신국판 | 176면 | 9,000원

교회가 변하면 세상이 변한다!
변승우 | 신국판 | 250면 | 7,000원

월드컵보다 더 중요한 경기
변승우 | 신국판 변형 | 130면 | 3,500원

말씀 말씀 하지만
성경에서 벗어난 제자 훈련
변승우 | 신국판 변형 | 183면 | 5,000원

긴급수혈
변승우 | 신국판 변형 | 73면 | 5,000원

그 시에 주시는 그 말을 하라!
즉흥 설교 제5권
변승우 | 신국판 변형 | 264면 | 7,000원

그 시에 주시는 그 말을 하라!
즉흥 설교 제4권
변승우 | 신국판 변형 | 292면 | 7,000원

그 시에 주시는 그 말을 하라!
즉흥 설교 제3권
변승우 | 신국판 변형 | 293면 | 7,000원

그 시에 주시는 그 말을 하라!
즉흥 설교 제2권
변승우 | 신국판 변형 | 305면 | 7,000원

그 시에 주시는 그 말을 하라!
즉흥 설교 제1권
변승우 | 신국판 변형 | 304면 | 7,000원

양신역사
변승우 | 신국판 변형 | 147면 | 7,000원

명목상의 교인인가? 미성숙한 신자인가?
변승우 | 신국판 변형 | 84면 | 5,000원

정통의 탈을 쓴 짝퉁 기독교
변승우 | 신국판 변형 | 295면 | 5,500원

예수빵 (개정판)
변승우 | 신국판 변형 | 116면 | 7,000원

가짜는 진짜를 핍박한다!
변승우 | 신국판 변형 | 163면 | 5,500원

구원에 이르는 지혜
변승우 | 신국판 변형 | 104면 | 4,500원

꺼져가는 등불, 양심
변승우 | 신4.6판 | 87면 | 2,500원

열방이 너희를 복되다 하리라!
변승우 | 신4.6판 | 77면 | 4,000원

하나님의 인자와 엄위 그 가운데
생명의 좁은 길이 있습니다!
변승우 | 신4.6판 | 156면 | 4,000원

여호와의 입에서 나오는 말씀
변승우 | 신국판 | 268면 | 10,000원

특별히 예언을 하려고 하라!
변승우 | 신국판 | 314면 | 9,000원

목사님, 어떻게 해야
마음이 청결한 자가 될 수 있나요?
변승우 | 문고판 | 90면 | 2,000원

좋은 씨와 맑은 물
변승우 편저 | 신국판 | 300면 | 5,000원

진짜 구원받은 사람도
진짜 버림받을 수 있다!
변승우 | 신국판 | 360면 | 13,500원

Am I a Person of the Beatitudes?
나는 팔복의 사람인가? [영문]
변승우 | 신국판 | 528면

A Book That Will Save The Ones We love
An Afterlife Plan More Important
Than One's Retirement Plan!
노후준비보다 중요한 사후준비! [영문]
변승우 | 신국판 | 164면

The Book of Acts Reenacted
: Missions in Africa!
아프리카 선교 현장에서 사도행전이 재현되다!
[영문]
신4.6판 | 60면 | 3,500원

A Selection of Testimonies on Heaven and Hell!
Where Will You Spend Your Eternity?
당신의 영원을 어디서 보낼 것인가? [영문]
변승우 편저 | 신국판 | 236면

Christians Going to Hell
지옥에 가는 크리스천들 [영문]
변승우 | 신국판 변형 | 300면

The Foundation
터 [영문]
변승우 | 신국판 | 256면

根基
터 [중문]
변승우 | 신국판 변형 | 188면

Truth Like a Diamond!
다이아몬드 같은 진리! [영문]
변승우 | 신국판 | 495면

The Gospel Pervaded by Power
능력으로 관통되는 복음! [영문]
변승우 | 신국판 변형 | 41면

大能贯通的福音
능력으로 관통되는 복음! [중문]
변승우 | 신국판 변형 | 44면

The Kingdom of Overcomers
이기는 자가 가는 나라! [영문]
변승우 | 신국판 변형 | 52면

得胜者所进的国
이기는 자가 가는 나라! [중문]
변승우 | 신국판 변형 | 36면

When the Church Changes,
the World Changes!
교회가 변하면 세상이 변한다! [영문]
변승우 | 신국판 | 220면

教会改变世界就会改变
교회가 변하면 세상이 변한다! [중문]
변승우 | 신국판 | 212면

The Clearest Truth Under the Sun
해 아래 가장 명백한 진리! [영문]
변승우 | 신국판 변형 | 44면

Christianity Alone Is the Way,
and the Truth, and the Life!
오직 기독교가 길이요 진리요 생명이다! [영문]
변승우 | 신국판 변형 | 52면

唯独基督教是道路、真理、生命!
오직 기독교가 길이요 진리요 생명이다! [중문]
변승우 | 신국판 변형 | 32면

救いに至る知恵
구원에 이르는 지혜 [일본어]
변승우 | 문고판 | 102면

得救的智慧
구원에 이르는 지혜 [중문]
변승우 | 신국판 변형 | 96면

동역자 도서

영광에서 영광으로
김옥경 | 신국판 | 360면 | 16,000원

From Glory to Glory
영광에서 영광으로 [영문]
김옥경 | 신국판 변형 | 336면

荣上加荣
영광에서 영광으로 [중문]
김옥경 | 신국판 변형 | 336면

치유에 대한 성경적인 3가지 원리
치유티칭
진성원 | 신4.6판 | 96면 | 6,000원

김동욱 목사 명설교 모음
김동욱 | 신국판 | 232면 | 15,000원

물러서지 않는 것이 신앙이다!
이윤석 | 신4.6판 | 80면 | 3,000원

문맥 안에서 다시 보는 로마서 난해구
이동기 | 신국판 | 296면 | 15,000원

믿음의 순종
이동기 | 신4.6판 변형 | 72면 | 4,500원

팩트 체크!
"변승우 목사가 신사도 운동을 한다?"
이동기 외 2인 | 신4.6판 | 72면 | 4,000원

'주께서'
이 안에 치유의 비결이 있다!
이길용 | 신4.6판 | 116면 | 3,500원

하나님이 창안하신 부부질서
김원호 | 신국판 변형 | 273면 | 8,000원

읽는 자는 깨달을 찐저!
강순방 | 신국판 | 184면 | 5,000원

Let the Readers Understand!
읽는 자는 깨달을 찐저! [영문]
강순방 | 신국판 | 184면

번역서

그 발 앞에 엎디어
썬다 싱 | 신국판 변형 | 152면 | 10,000원

아주사 부흥 그 놀라운 간증
토미 웰첼 | 신국판 변형 | 200면 | 12,000원

가브리엘 천사를 만나다
롤랜드 벅 | 찰스 & 프랜시스 헌터 엮음 | 신국판 | 288면 | 15,000원

주여! 내 마음을 살피사
찰스 G. 피니 | 신국판 | 376면 | 8,500원

가브리엘 천사를 만난 사람
롤랜드 벅 · 샤론 화이트 | 신국판 | 246면 | 7,700원

마귀들에 대한 놀라운 계시
하워드 O. 피트만 | 신국판 | 196면 | 12,000원

대죄와 소죄에 대한 깨달음!

발행일 2024년 10월 23일 초판 1쇄
지은이 변승우
발행인 변승우
발행처 도서출판 거룩한진주
주 소 서울 송파구 위례성대로22길 27-22 (우) 05655
전 화 02-586-3079
팩 스 02-523-3079
Website http://www.belovedc.com
http://cafe.daum.net/Bigchurch (B 대문자)
https://www.youtube.com/@belovedch

ISBN 979-11-6890-057-8 02230